von: ....

für: ....

Mit Bildern lesen lernen!

Liebe Eltern,

Bilder sind viel einfacher zu lesen als Wörter und Sätze. Wenn in einer Geschichte Wörter durch Bilder ersetzt sind, werden gerade Leseanfänger leichter zum Anschauen und Lesen verlockt.

Ein schönes Lesespiel: Sie lesen den Text, Ihr Kind sagt jeweils das Wort für das Bild – und lernt dabei etwas ganz Wichtiges: Lesen heißt immer auch überlegen, was als nächstes Wort folgen könnte.

Aber auch für Kinder, die schon alleine lesen wollen, sind die übersichtlich gegliederten Geschichten eine geeignete Herausforderung. Die eingestreuten Bilder helfen beim Lesen. Und auf den Suchbildern am Ende jeder Geschichte finden die Kinder eine spielerische Auflösung: die im Text verwendeten Bilder und die dazugehörigen Begriffe.

*Prof. Dr. Manfred Wespel,
lesedidaktischer Berater des
KÄNGURU-Programms*

Inhalt

Till tanzt auf dem Seil

In einer kleinen am

lebte ein mit seiner .

Der hieß Till Eulenspiegel

und wollte zu gerne

mal auf dem tanzen.

Also nahm  ein (Seil) und

machte es am (Dach) des (Hauses) fest.

Das andere (Ende) knotete er

an einen (Baum) am anderen (Ufer).

Hoppsa – schon stand er oben

und spazierte über das (Seil).

Immer mehr  liefen zum

und feuerten  an.

Das hörte die  von .

Wie wurde sie da wütend!

 sollte doch

in der  sein

und  schälen!

Die  nahm ein  und

schnitt – ritsch – das  durch.

Als  in den  gepurzelt war,

lachten die  und spotteten:

 „ hat genug von den  .

Nun will er mit den  schwimmen."

Till Eulenspiegel

Geschichten bearbeitet
von Peter Lurch

Mit Bildern von Dagmar Henze

arsEdition

Die Deutsche Bibliothek – CIP-Einheitsaufnahme

Till Eulenspiegel / Geschichten bearbeitet von Peter Lurch. Ill.: Dagmar Henze.
- München : Ars-Ed., 2001
  (Känguru : Mit Bildern lesen lernen)
  ISBN 3-7607-3847-8

Lesedidaktische Beratung: Prof. Dr. Manfred Wespel

Gedruckt auf umweltfreundlichem Papier ohne Chlorbleiche

© 2001 by arsEdition, München
Alle Rechte vorbehalten
Ausstattung und Herstellung: arsEdition, München
Titelbild und Innenillustrationen: Dagmar Henze
Titelvignette: Carola Holland
Einbandkonzeption: Ralph Bittner
Druck und Bindung: Westermann Druck Zwickau GmbH
Printed in Germany · ISBN 3-7607-3847-8

Doch  dachte: „Na wartet!"

Am nächsten Tag spannte er sein

quer über den  .

Den  rief er zu:

„Gebt mir alle eure linken  ,

dann tanze ich auf dem  ,

dass euch Hören und Sehen vergeht!"

Die  zogen ihre linken  aus

und  knotete sie alle aneinander.

Dann trat  auf das ,

die huckepack.

Die starrten nach oben.

Was würde als Nächstes tun?

setzte sich hin, rief:

„Aufgepasst, !", und warf

alle auf einmal hinunter.

Da lagen sie nun auf dem  ,

verknotet und durcheinander.

Die  hüpften

auf einem 🦶 herbei.

Jeder suchte nach seinem  .

Sie jammerten und stritten.

„Das ist mein  , du dumme  !"

Sie drängelten und schubsten sich.

„Aua! Du stehst auf meinem  !"

Bald gab es blutige

und einige humpelten vom .

 aber gefiel es gut bei den .

Er ließ die  baumeln, lachte

und machte allen eine lange .

Küche

Dach

Seilende

Schuh

Mutter

Fluss

Baum

Marktplatz

Fische

Nase

Messer

Kartoffeln

Kuh

Fuß

Stadt

Seil

Haus

Junge/Till

Vögel

Beine

Ufer

Leute

Till überlistet zwei Diebe

 und seine  gingen auf den  .

Sie aßen überzuckerte  ,

duftende  und  .

Sie bewunderten die

und einen  , der  spielte.

Dann wollte die  tanzen gehen.

Sie sagte zu  :

„Es ist schon spät.

Geh du nach  ins  ,

wir sehen uns morgen früh."

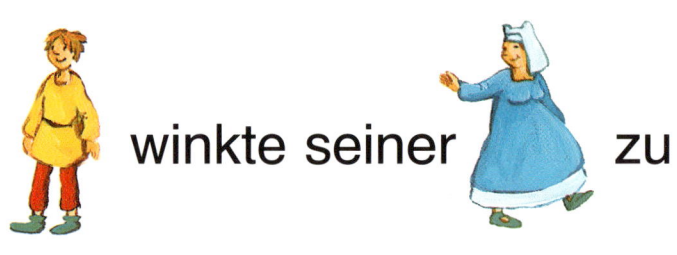 winkte seiner  zu

und machte sich auf den  .

Puh, er war wirklich müde!

Als er neben einem

einige leere  sah, dachte :

„Warum soll ich nach  gehen?

So ein  ist bestimmt

genauso gemütlich

wie mein  ."

Und  kroch

in einen  und schlief ein.

Mitten in der Nacht wachte  auf,

weil sein  hin- und herwackelte.

Vorsichtig hob er den vom

und erblickte  !

Rums – klappte der  wieder zu.

Der eine  sagte:

„Dieser  ist aber schwer!

Bestimmt ist er voller .“

Der andere  sagte: „Her damit!"

und schon trugen sie den

mit  darin fort.

Nun war  hellwach.

Leise hob er den  vom

und zog den vorderen

kräftig an den  .

„Aauuua!", schrie der  .

„Bist du verrückt geworden?

Wieso ziehst du mich an den  ?"

„Sei doch still!",

zischte der hintere  .

„Sonst hört uns noch der  !"

26

Nun kniff  den hinteren

ganz gemein in die  .

Der heulte auf und ließ den  fallen.

„Du fieser  !", schrie er empört,

packte den ersten  am

und schüttelte ihn.

Nun prügelten sich die  .

Den  hatten sie bald vergessen.

 gähnte und schlief wieder ein.

Als die  aufging,

lief er nach  zu seiner

und weckte sie mit einem  ,

so süß wie  .

Hund

Affe

Honig

Kuchen

Nase

Till

Mutter

Haus

Gaukler

Schuppen

Kragen

Tamburin

Bienenkorb

Kuss

Lebkuchen

Jahrmarkt

Deckel

Haare

Dieb

Weg

Bauer

Bett

Äpfel

Sonne

Till backt Eulen und Meerkatzen

Als  älter wurde,

verließ er seine

und wanderte von  zu  .

In der  hatte er nichts gelernt

und so arbeitete er mal dies, mal das.

Einmal traf er einen dicken ,

der stand vor seiner

und fragte  : „Kannst du backen?"

 antwortete: „Das kann ich!"

Da freute sich der ,

denn er hatte schrecklich viel zu tun.

So wurde aus  ein .

Jeden Morgen, bevor die  aufging,

standen der  und  auf,

siebten  , kneteten  ,

formten  und

und schoben sie in den  .

Eines Tages sagte der  zu :

„Heute will ich ins  gehen

und morgen früh bleibe ich im  .

Du musst alles alleine backen."

 kratzte sich am und fragte:

„Was soll ich denn backen?"

Der  ärgerte sich.

„Was fragt dieser  so dumm?",

dachte er und sagte laut:

„Back doch  und  !"

Dann ging er ins  .

 tanzte mit der

um den

und ging früh ins .

Noch bevor die  aufging,

stand er auf und fing an zu backen.

Erst machte er die

– die waren einfach –,

dann die  .

Als der  endlich aufstand,

war die ganze

voller niedlicher  und  .

„Aber ... wo sind denn die

und  ?", schrie der  .

„Was für  und ?",

fragte . „Ich sollte doch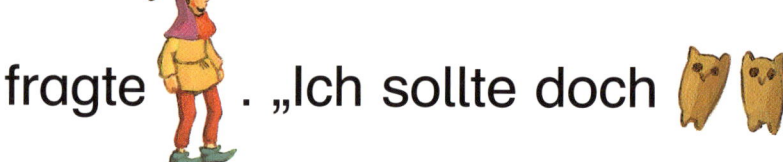

und backen!"

Da wurde der  wild: „Du !

Nimm deine  und

und scher dich fort!"

 packte alles ein

und ging auf den  .

Er setzte sich neben den

und rief: „Frische  und  !

Nur 1 ! Kauft, !"

Die  eilten herbei und staunten.

So lustige

hatten sie noch nie gesehen!

Schon bald hatte  alles verkauft.

Vergnügt und mit einem prallen

verließ er die  .

Bäckerin

Brötchen

Kopf

Geldbeutel

Mehl

Till

Taler

Bett

Leute

Wirtshaus

Bäckerei

Meerkatzen

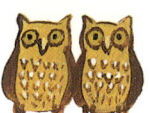

Eulen

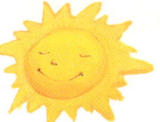

Sonne

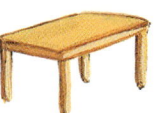

Tisch

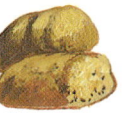

Brot

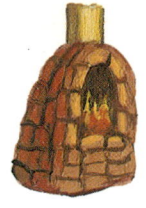

Ofen

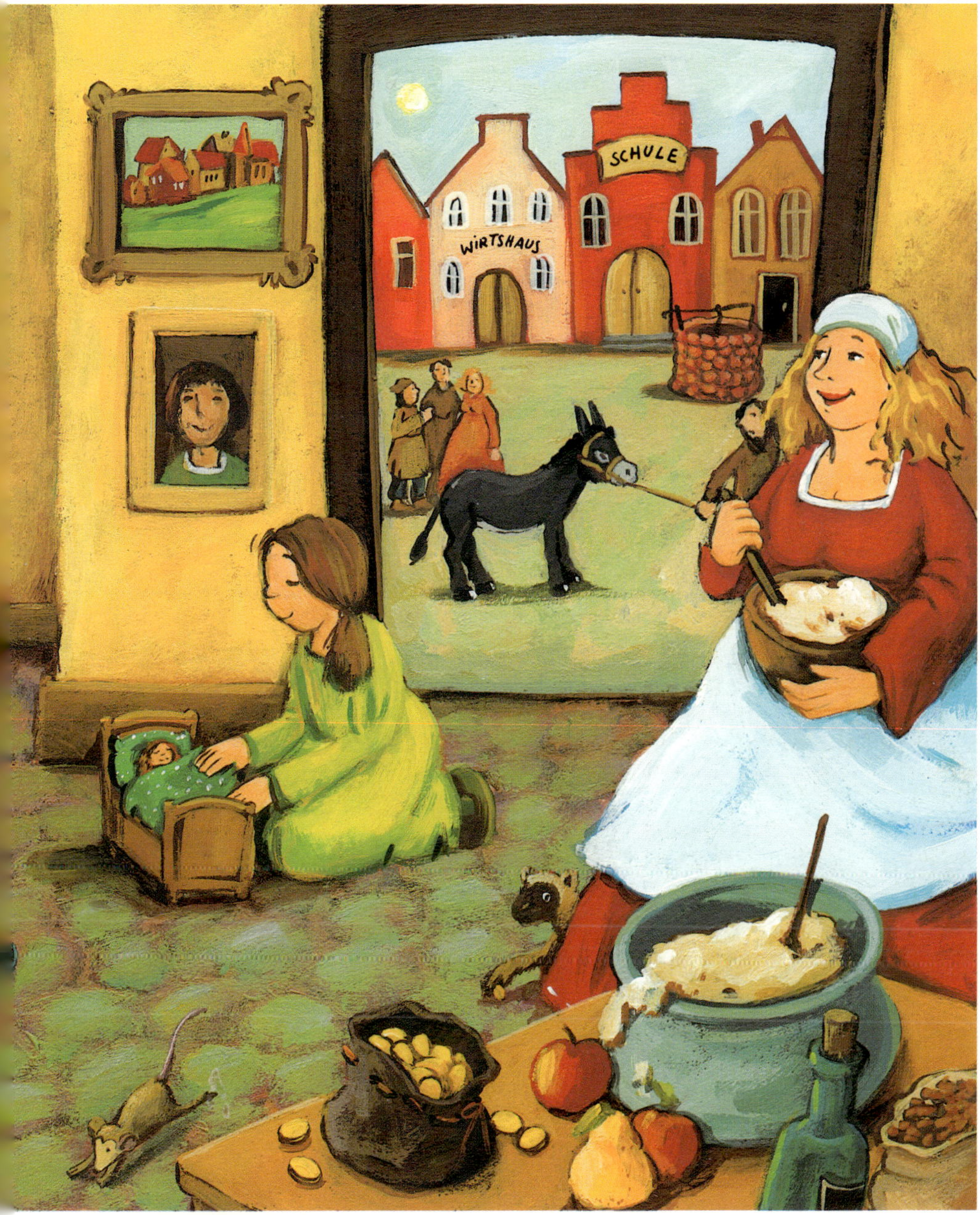

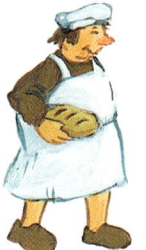

Bäcker

Brunnen

Mutter

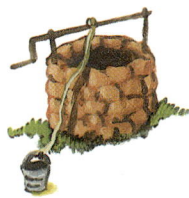

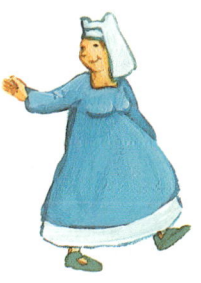

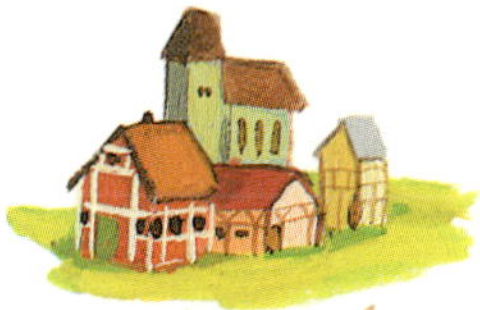

Stadt

Esel

Schule

Teig

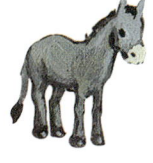

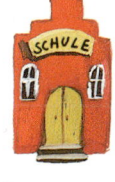

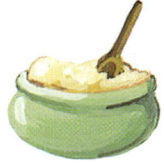

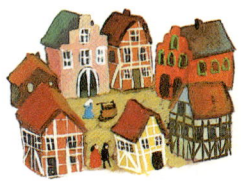

Marktplatz

Till bringt einem Esel das Lesen bei

Einmal kam  in eine  ,

in der es sehr viele  gab.

Die trugen die hoch und

fanden sich alle sehr klug.

 dachte: „Euch werde ich

an der  herumführen!"

Er malte ein  und

setzte sich damit auf den  .

Auf dem  stand:

Till Eulenspiegel ist

der klügste  von allen.

Er kann jedem etwas beibringen,

sogar dem größten  !

Wie ärgerten sich da die  !

wollte klüger sein als sie?

Sie steckten die  zusammen,

dann ging einer zu  und sagte:

„Ich habe zu  einen  ,

der leider nicht viel gelernt hat.

Kannst du ihm das Lesen beibringen?"

Alle  lachten, doch  sagte:

„Das ist ganz einfach.

Führt mich nur gleich in den  !"

Da staunten alle und rannten

hinter dem  und  her.

„Das ist ja noch ein kleiner !",

sagte   erfreut,

als sie im  standen.

„Der lernt bestimmt schnell.

Nun brauche ich 100

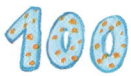

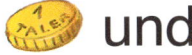

und

muss mit dem ganz allein sein.

In 3 Tagen könnt ihr sehen,

was er schon alles gelernt hat.“

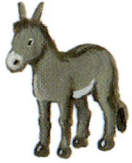

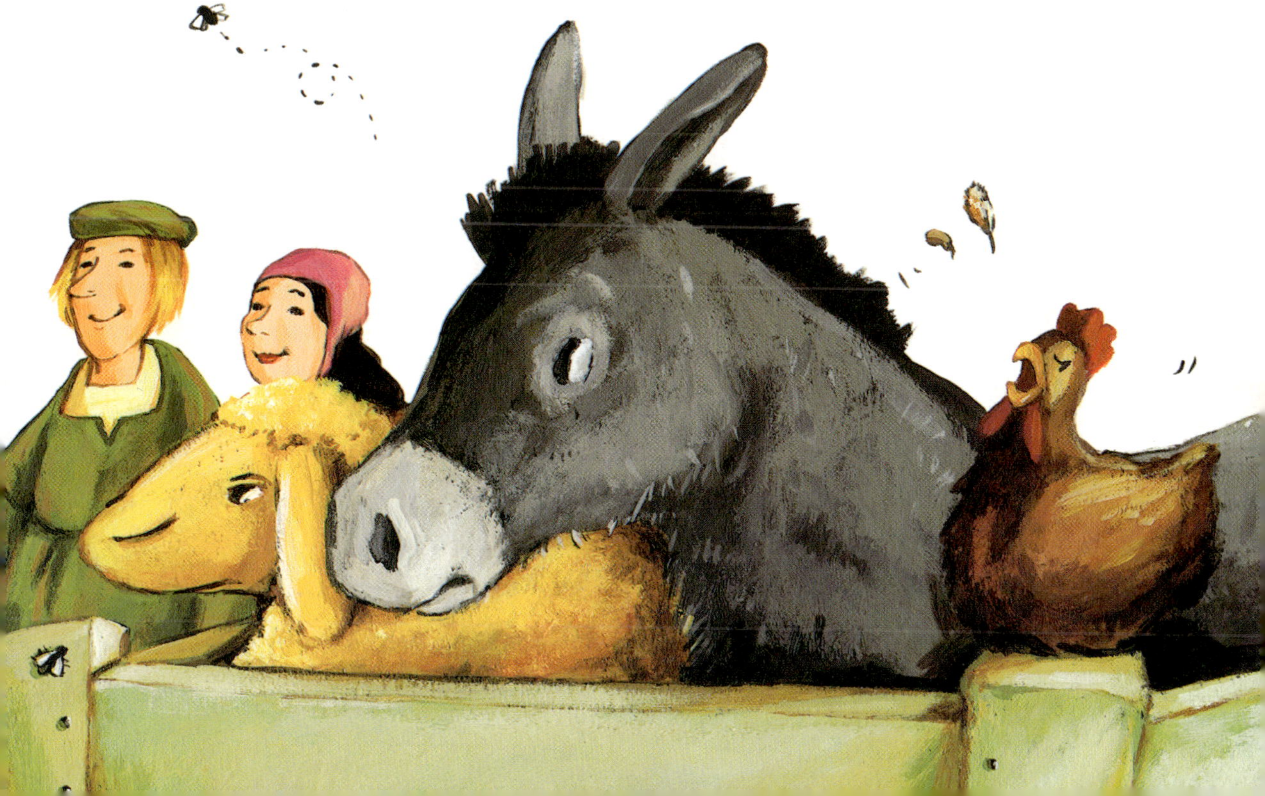

Der  gab widerwillig

die  und ließ ihn allein.

 kaufte ein großes

mit festen  .

Zwischen die  legte er  ,

dann zeigte er es dem .

Da der  gern fraß,

war er von dem 📕 begeistert.

Mit dem 🐴 blätterte er

die 📖 um. War kein 🌾 darin,

schrie er laut: „I-a, i-a!"

🃏 war sehr zufrieden.

Als die 3 Tage um waren,

kam nicht nur der  .

Viele  drängten in den  .

Alle wollten wissen, ob der

wirklich etwas gelernt hatte.

 verkündete stolz: „Passt auf,

der  liest gleich etwas vor!"

Dann legte er dem

das  in die  .

Gierig blätterte der

die   um.

Diesmal hatte  aber keinen

zwischen die   gelegt.

Enttäuscht schrie der  : „I-a, i-a!"

„Gut gemacht!", lobte ihn  .

„Seht, der  kann schon  !

Er kann nicht der größte

in eurer  sein."

Die  lachten

und klopften auf die .

Nur der lachte nicht mit.

winkte allen zu

und wanderte vergnügt aus der .

Till

Stadt

Köpfe

Schulter

Tränen

Hafer

Leute

Marktplatz

Buchstaben

Stall

Nase

Seiten

Doktoren

Esel

Buch

Taler

Maul

Haus

Schild

Krippe

KÄNGURU Lesestufen-Modell

So macht Lesenlernen richtig Spaß – mit Büchern, die auf die unterschiedlichen Lernphasen zugeschnitten sind: 4 Lernschritte, 4 Buch-Reihen.

»Kinder werden dann zu begeisterten Lesern, wenn Buch und Leseentwicklung zusammenpassen.«

Prof. Dr. Manfred Wespel, lesedidaktischer Berater des KÄNGURU-Programms

»Bildergeschichten zum Lesenlernen«

2. Lesestufe ab 6 Jahre

- eine abgeschlossene Geschichte in Bildern
- lustige und abenteuerliche Handlung
- großes Format
- gut lesbare Fibelschrift

»Mit Bildern lesen lernen«

1. Lesestufe ab 5 Jahre

- kurze lustige Geschichten mit einfachem Text
- Bilder ersetzen Hauptwörter
- sehr große Fibelschrift
- fünf doppelseitige Suchbilder

»Leseabenteuer in Farbe«

4. Lesestufe ab 8 Jahre

- jeweils eine längere spannende Geschichte
- viele farbige Illustrationen
- große, leicht lesbare Fibelschrift

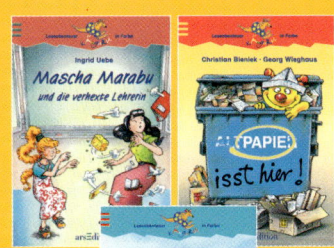

»Erste Geschichten zum Selberlesen«

3. Lesestufe ab 7 Jahre

- mehrere kurze Geschichten zu einem Thema
- klare Textgliederung als Lesehilfe
- große Fibelschrift
- viele farbige Illustrationen

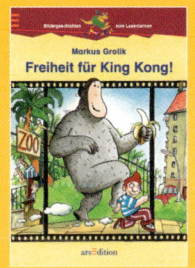

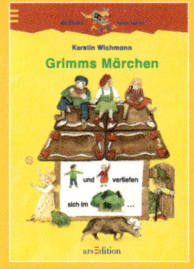